시작하며

우리는 왜 세계사를 알아야 할까?

이 세상에는 공부해야 할 지식이 참 많아요. 나는 그중에서도 특히 세계의 역사, 즉 '세계사'가 중요한 지식이라고 생각합니다. 이유가 뭘까요? 앞으로 우리는 미래를 살아갈 텐데 이 미래를 예측하기가 정말 어렵기 때문입니다. 유일하게 미래를 예측하도록 도와주는 실마리가 바로 과거의 역사랍니다. 과거에 무엇이 있었고 어떤 일이 벌어졌는지 알면, 앞으로 우리 세계가 어떻게 될지 조금은 예측할 수 있어요. 더불어 앞으로 이 세계가 나아가야 할 바람직한 모습이 무엇인지 알 수도 있죠.

지난날 제1차 세계 대전이라는 큰 전쟁이 있었어요. 그때 사람들은 '이런 전쟁은 그만하고 싶어.'라고 생각해서 '국제 연맹'이라는 평화 조직을 만들었어요. 그렇지만 제2차 세계 대전이라는 큰 전쟁이 또 일어났어요. 실망한 사람들은 '국제 연합(UN)'이라는 평화를 위한 조직을 또 만들었죠. 국제 연합에서는 '앞으로 전쟁이 없는 세상을 만들려면 어떻게 해야 할까?'를 의논해요.

전쟁이 없는 세상을 만드는 방법을 찾으려면 먼저 세계사를 이해해야 합니다. 다시 말해 세계사를 아는 것은 앞으로의 세계를 만들어 가는 일이기도 한 셈이죠. 세계사를 전혀 모른 채 앞날을 꿈꾸는 것은 쉽지 않답니다.

　오랫동안 분쟁이 끊이지 않는 팔레스타인 문제도 세계사를 모르면 풀기 어려워요. 앞서 말했듯 세계사, 즉 역사는 답을 찾을 수 있는 실마리예요.

　세계사를 공부해야 하는 이유가 또 한 가지 있습니다.

　외국에 여행을 간다고 해보죠. 역사를 안다면, 재미있는 것이 아주아주 많아져요. '이 지역은 이슬람교가 널리 퍼져서 이렇게 으리으리한 모스크가 있구나!', '불교가 일찍이 널리 퍼져서 여기에 불교 사원이 많구나!' 감탄하게 되면 여행의 감동이 더욱 커진답니다. 역사를 모른다면, 이렇게 감탄하고 감동할 일도 안 일어나겠죠? 이 세계는 즐거움이 가득해요. 세계사를 알면, 그 즐거움이 더 커진답니다.

　마지막으로 세계사를 공부하면 소중한 한 가지를 깨닫게 될 거예요. 우리 주변에 있는 모든 것에 역사가 깃들어 있다는 사실입니다. 우리말에 자연스럽게 어우러져 쓰이는 한자만 봐도 그렇습니다. 원래 한자는 고대 중국에서 만들어진 문자예요. 별 생각 없이 보고 쓰던 한자 하나로 고대 중국까지 거슬러 올라간다니, 참 대단하죠?

이 책을 읽는 법

　이 책에서는 여러모로 중요한 '세계사'를 쉽게, 간단히 알아보겠습니다. 한국 사람에게는 한국의 역사가, 일본 사람에게는 일본의 역사가 중요하지요? 그런데 한국이나 일본이나 전 세계 수많은 나라 가운데 하나일 뿐이에요. 우리가 사는 세계에는 더 많은 나라와 지역이 있어요. 그곳들이 어떤 역사를 거쳐 왔는지 알면, 우리가 세상을 보는 방식이 크게 달라질 겁니다.

　책 속에 어렵고 복잡한 내용이 많을까 봐 걱정할 것 없어요. 역사를 너무 자세하게 다루면 오히려 이해하기 어려울 수 있습니다. 그래서 세계사의 큰 흐름을 보는 눈을 기를 수 있도록 길고 긴 역사 중에서 47개 키워드만 꼽았어요. 여러분은 이 책을 읽으면서 '옛날에 이런 일이 있었구나!' 상상할 수 있어요.

　독서의 재미가 더해지도록 만화도 넣었어요. 또 언제 어떤 일이 일어났는지 알 수 있게 연도도 정리했습니다. 퀴즈도 있으니까 친구와 함께 즐겁게 풀어 봐요!

　귀여운 '알밤'이 역사 공부를 도와줄 거예요. 동글동글한 알밤과 함께 방에서 뒹굴뒹굴 구르며 책을 읽어도 괜찮습니다. 역사도 시간을 따라 '굴러가는 것'이므로 역사 공부가 더 쉽고 재미있어질 수도 있어요.

　사람마다 역사를 해석하는 방식은 다를 수 있어요. 즉, 이 책에서 설명하는 방식과 다른 방식으로 설명하는 책도 있을 거예요. 그러니까 이 책을 역사의 큰 흐름을 익히는 데 필요한 도구로 사용하기를 바랍니다. 그다음 다양한 역사책을 읽으면서 역사 공부에 깊이 빠져 보세요.

　세계사에 흥미를 느끼면 취미, 관심사, 좋아하는 것의 영역이 점점 더 넓어지게 마련입니다. 그러면 유학이나 외국 여행도 꿈꾸게 될 거예요.

　얼마 전에 나는 유럽에 다녀왔습니다. 그때 역시 역사를 공부하기 잘했다고 생각했죠. 지금까지 동남아시아나 유럽 등 세계 각지에 다녀왔는데, 세계사를 알고 있는 덕분에 여행의 즐거움이 몇 배로 커졌다고 생각해요. 그러니까 여러분도 세계사와 친해지기를 바랍니다!

사이토 다카시

핵심만 콕콕 세계사 연표 간단히!

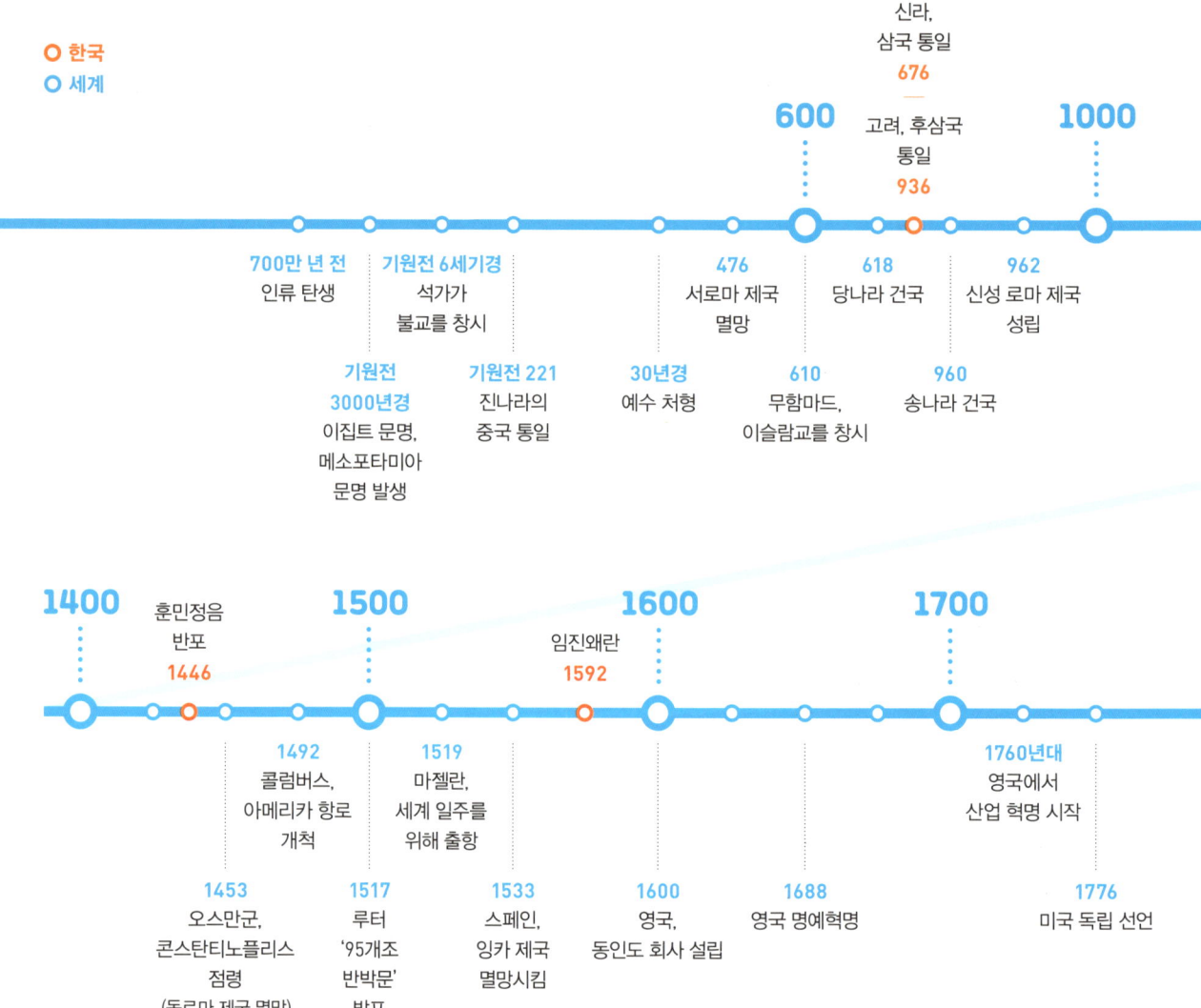

나랑 같이 역사를 살펴보자.

← 안내인 알밤

1100
무신정변 **1170**

1077 카노사의 굴욕

1200
1206 칭기즈칸 즉위

1215 마그나 카르타 제정

1271 원나라 건국

1300
1300년경 오스만 제국 성립

1321 단테 《신곡》 완성

공민왕, 쌍성총관부 탈환 **1356**

1368 명나라 건국

조선 건국 **1392**

1800

동학 농민 운동 갑오개혁 **1894**

강화도 조약 체결 **1876**

1900

3·1 운동, 대한민국 임시 정부 수립 **1919**

8·15 광복 **1945**

6·25 전쟁 **1950**

1804 나폴레옹, 황제 즉위

1877 영국령 인도 제국 성립

1917 러시아 혁명 시작

1939 제2차 세계 대전

1948 이스라엘 독립

1960 아프리카의 해

1991 소련 해체

1789 프랑스 혁명 시작

1840 제1차 아편 전쟁

1914 제1차 세계 대전

1922 소련 성립

1947 인도, 파키스탄이 영국에서 분리 독립

1949 중화 인민 공화국 수립

1990 독일 통일

# 차례

★ **시작하며** ············ 2
　우리는 왜 세계사를 알아야 할까?, 이 책을 읽는 법

★ **핵심만 콕콕 세계사 연표** ············ 6

•1장• 고대

1　인류의 확산 ············ 12
2　4대 문명 : 인도 문명 ············ 14
3　4대 문명 : 이집트 문명 ············ 16
4　4대 문명 : 메소포타미아 문명 ············ 18
5　4대 문명 : 중국 문명 ············ 20
6　종교 : 유대교와 기독교 ············ 22
7　종교 : 불교와 힌두교 ············ 24
8　고대 그리스 ············ 26
9　로마 제국 ············ 28

•2장• 중세·근세

10　중국 진시황제 ············ 32
11　실크로드와 불교의 전래 ············ 34
12　게르만족의 대이동 ············ 36
13　이슬람 세계 ············ 38
14　몽골 제국 ············ 40
15　교회 권력 ············ 42
16　대항해 시대 ············ 44
17　르네상스 ············ 46
18　종교 개혁 ············ 48
19　남북 아메리카 문명 ············ 50

3장 근대

- **20** 영국의 의회 민주주의 ········ 54
- **21** 산업 혁명 ········ 56
- **22** 미국 독립 혁명 ········ 58
- **23** 프랑스 혁명 ········ 60
- **24** 나폴레옹 ········ 62

4장 19세기 후반~20세기 전반

- **25** 인도의 식민지화 ········ 66
- **26** 청 왕조와 아편 전쟁 ········ 68
- **27** 메이지 유신 ········ 70
- **28** 제국 주의 ········ 72
- **29** 사회주의 ········ 74
- **30** 미국의 탄생 ········ 76
- **31** 제1차 세계 대전 ········ 78
- **32** 제2차 세계 대전 ········ 80
- **33** 국제 연합(UN) ········ 82

5장 20세기 후반~

- **34** 냉전 ········ 86
- **35** 중화인민공화국 수립 ········ 88
- **36** 인도·아시아의 독립 ········ 90
- **37** 아프리카의 해 ········ 92
- **38** 이스라엘과 중동 문제 ········ 94

6장 발명, 발견, 미래

39 인터넷 발달 ……………… 98
40 병의 역사 ………………… 100
41 커피의 역사와 이슬람 세계 … 102
42 콜럼버스의 교환 ………… 104
43 중국과 한국, 일본의 교류 … 106
44 라틴 아메리카 (중남미) …… 108
45 소수 민족을 억압하던 역사 … 110
46 인권의 역사 ……………… 112
47 SDGs ……………………… 114

★ **마무리하며** ……………… 116
　우선 아는 것부터 시작하자

★ **이 책에서 배운 단어** …… 118

1 인류의 확산

인류여, 두 발로 걸어라!
약 700만 년 전 인류가 탄생하다

두 발로 서서 걷는 '인류'는 약 700만 년 전 아프리카에서 탄생했습니다. 이후 인류는 오랜 세월에 걸쳐 **오스트랄로피테쿠스**, **호모 에렉투스**, **네안데르탈인**, **호모 사피엔스**로 진화했어요. 이런 사실은 옛날 인류의 오래된 뼈가 많이 발견된 덕분에 알아냈답니다.

생물학에서는 호모 사피엔스를 현재의 인류로 정의해요. 호모 사피엔스는 약 20만 년 전, 아프리카에서 태어나 유라시아 대륙으로 퍼졌어요. 한국과 일본에도 오고, 베링해협을 건너 아메리카 대륙으로도 갔답니다. 호모 사피엔스 전에는 호모 에렉투스인 **자바원인**이나 **베이징원인**, 네안데르탈인 등 **다양한 종류의 인류**가 있었어요.

현재 인류의 미토콘드리아 DNA를 거슬러 올라가면, 오랜 옛날 아프리카에 살았던 여성(미토콘드리아 이브)에 도달한다고 합니다.

현재 인류인 호모 사피엔스에 속하는 크로마뇽인이 남긴 라스코(프랑스) 동굴 벽화.

소, 말, 사슴 같은 동물을 벽과 천장에 그렸어.

" 인류는 아프리카에서 태어나 전 세계로 퍼졌어. "

4대 문명 : 인도 문명

타임머신을 타고 인도로!
기원전 2500년경, 인도 문명이 시작되다

   기원전 9000년 무렵부터 인류는 먹을 것을 직접 재배하는 **'농경'**을 시작했어요. 농경에는 물이 많이 필요하므로 사람들은 넓은 강 근처에 살기 시작했고, 덕분에 문명이 발생했습니다. 최초로 생겨난 **메소포타미아, 이집트, 중국, 인도** 이 4가지 문명을 **'4대 문명'**이라고 해요. 4대 문명에는 공통점이 있어요. 농경, 넓은 강, 그리고 문자의 발명입니다. 메소포타미아에서는 **쐐기 문자**, 이집트에서는 **신성 문자**(히에로글리프), 중국에서는 한자의 바탕인 **갑골 문자**가 쓰였어요. 인더스강을 끼고 발달한 인도 문명에서는 인더스 문자가 발견되었습니다. 하지만 아직 그 문자를 해독하지 못해 인도 문명에 대해 자세하게 알 수 없어요. 또한 인도 문명은 **모헨조다로**와 **하라파** 같은 도시 유적으로도 유명합니다.

인도 문명의 도시 유적, 모헨조다로

인더스 문자 : 모헨조다로의 인장(도장)

아직 인더스 문자를 해독하지 못했어!

4대 문명 : 이집트 문명

미라가 나타났다!
기원전 3000년경, 이집트 문명이 시작되다

고대 이집트는 '**파라오**'라는 왕이 다스렸어요. 피라미드는 파라오의 무덤이라는 설이 유력하죠. 이 거대한 건축물을 만들 수 있었던 힘은 이집트가 가진 풍요예요. 고대 그리스의 역사가 헤로도토스는 이집트의 풍요로움을 가리켜 "**이집트는 나일강의 선물.**"이라고 말했어요. 해마다 같은 계절에 나일강의 물이 불어나는데, 이때 흘러넘친 강물이 비옥한 흙을 운반해 온 덕분에 농작물을 넘치도록 얻을 수 있었거든요.

이집트 문명은 비교적 잘 알려져 있어요. 문자 해독이 가능했던 덕분이죠. 18세기에 같은 문장이 3종류의 문자로 적힌 '**로제타 스톤**'이 발견되었는데, 거기 적힌 **신성 문자**(히에로글리프)를 19세기에 샹폴리옹이라는 프랑스 사람이 해독했습니다.

이집트의 피라미드와 스핑크스

고대 이집트의 왕 파라오는 신의 화신으로 여겨졌어.

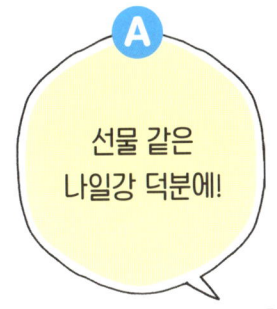

4대 문명 : 메소포타미아 문명

3,000원을 빌렸으면 3,000원을 갚는 것이 함무라비 법전!
기원전 3000년경, 메소포타미아 문명이 시작되다

    티그리스강과 유프라테스강 사이의 비옥한 토지 '**메소포타미아**'에서는 여러 도시 문명이 발달했어요. 그중에서 가장 오래된 것은 **수메르 문명**입니다. 이집트인은 파피루스라는 종이에 문자를 적었는데, 수메르인은 점토판에 쐐기 모양의 문자를 적었어요. 이 **쐐기 문자**는 19세기에 해독되었죠.

    수메르 다음에 번영한 **바빌론**은 **함무라비 왕** 때 메소포타미아를 통일했습니다. 함무라비 왕은 '법전(법률을 정리한 책)'을 만들어 법률로 나라를 다스렸어요. 바로 '눈에는 눈, 이에는 이'라는 구절로 유명한 함무라비 법전이죠. 이 구절은 피해자가 당한 만큼만 벌을 준다는 뜻이에요. 나라가 치안을 지키기 위해 만든 법률이지 개인이 마음대로 복수하는 것을 허락하는 법률이 아닙니다.

쐐기 문자

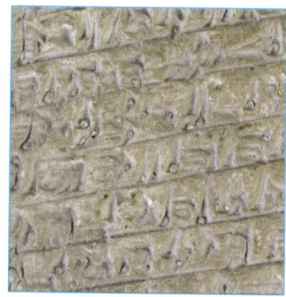

수메르 문명 유적지로 추정되는 지역

내가 쐐기 문자를 해석해 볼까?

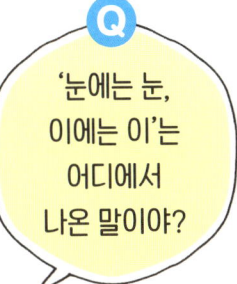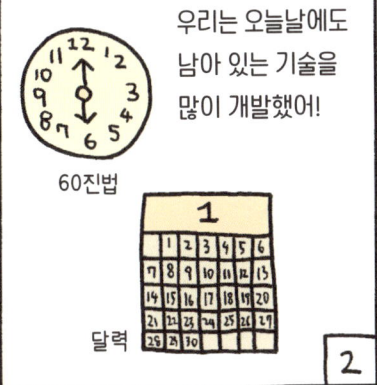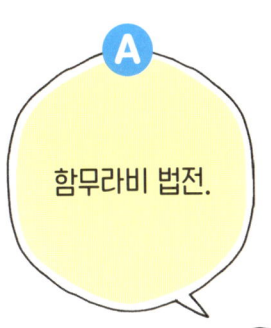

5 4대 문명 : 중국 문명

한자가 태어난 곳!
기원전 6000년경, 중국 문명이 시작되다

중국에서는 기원전 6000년경 황하와 장강(양쯔강)이라는 2개의 넓은 강 유역에서 문명이 시작되었어요. 북쪽 **황하 유역**은 비가 적게 내려 밭에서 피나 조 같은 잡곡을 재배했어요. 남쪽 **장강 유역**은 따뜻하고 비가 많이 내려 논에서 쌀농사를 지었죠. 이들 지역에서 발견된 토기로 2개 문명이 서로 교류했다는 사실을 알아냈답니다.

중국에서 문자가 발명된 것은 기원전 1600년경 '**은' 왕조** 때입니다. 은의 왕은 나랏일을 돌볼 때 종종 점술로 결정했어요. 거북의 등딱지나 소의 견갑골을 불에 구워 생긴 금을 신의 메시지로 해독하는 점술이었죠. 최초의 문자는 이 점술의 결과를 뼈나 등딱지에 기록했기에 '**갑골 문자**'라고 불립니다.

갑골 문자(종이에 본뜬 것)

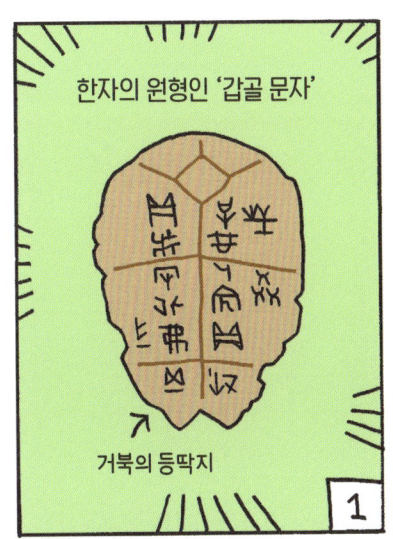

"중국의 문자는 신의 말씀을 기록하기 위해 생겨났어."

6 종교 : 유대교와 기독교

모두에게 다가간 기독교!
313년, 밀라노 칙령으로 기독교가 공인되다

최초로 문명이 생겨났을 때, 사람들은 다양한 신을 믿었어요. 이를 '**다신교**'라고 해요. 태양이나 달, 동물이나 식물에도 신이 깃들었다고 믿었죠. 이후 세계를 창조한 신은 오로지 1명이라는 종교인 **유대교**가 생겨났어요. 신이 하나라고 믿는 것을 '**일신교**'라고 해요.

1세기에 유대교에서 **예수**라는 사람이 등장했어요. 예수가 등장하기 전까지는 "신은 선택받은 민족 유대인을 구한다."라는 가르침이 널리 퍼져 있었죠. 그런데 예수는 "신은 믿음이 있는 모두를 구한다."라고 가르쳤어요.

예수의 가르침을 믿는 종교가 바로 기독교입니다. 기독교는 유대교에서 갈라져 나온 종교인 셈이에요.

"자신을 사랑하는 것처럼 이웃을 사랑하라."

이웃 사랑의 중요함을 전파한 예수 그리스도

처음에 기독교는 박해 대상이었는데, 밀라노 칙령으로 로마 제국의 공인을 받았어.

7 종교 : 불교와 힌두교

깨달음을 얻은 사람!
기원전 6세기경, 석가가 불교를 창시하다

　불교의 창시자 석가(석가모니, 석가여래)는 기원전 6세기경, 지금의 인도에서 태어났어요. 석가족의 왕자였던 그의 이름은 **고타마 싯다르타**입니다.

　석가는 왕자의 지위를 버리고 삶의 고통을 없애는 방법을 찾아 수행을 시작했어요. 그리고 보리수나무 아래에서 그 방법을 찾아냈어요. 깨달음을 얻은 것이죠. 석가가 마음의 평안을 얻는 방법을 알기 쉽게 설명하자 많은 사람들이 그를 따랐어요. 석가의 가르침은 불교라는 종교로 발전했고, 큰 규모로 성장했습니다. 기원전 3세기경, 불교 교단은 개인의 깨달음을 추구하는 '**상좌부 불교**'와 더 많은 사람을 구원하려는 '**대승 불교**'로 나뉘어요. 상좌부 불교는 동남아시아, 대승 불교는 중국, 한국, 일본 등으로 전해졌어요. 한편 불교가 태어난 인도에는 지금 불교 신자가 드물어요. 불교가 인도의 대표적인 종교인 힌두교에 흡수되었거든요.

우주를 창조한
힌두교의 신, '시바'

Q 석가는 어느 나라 사람이야?

1
석가가 창시한 불교의 가르침은

2
인도에서 중국을 거쳐 한국과 일본으로 전해졌어!

A 지금의 인도 근처에서 태어났지.

3
고타마 싯다르타가 본명인데 지금은 석가라고 불립니다.
오호!

4
나는 알밤이 본명인데 가끔은 멋쟁이라고 불려.
그거랑은 좀 다르지.

" 석가를 가리키는 '붓다(부처)'라는 말은 '깨달음을 얻은 사람'이라는 뜻이야. "

25

고대 그리스

세상을 바로잡으려는 철학자!
기원전 470년경, 소크라테스가 태어나다

그리스에서는 기원전 8세기 무렵부터 인구 수천 명의 작은 도시국가 '**폴리스**'가 많이 생겨났어요. 그중에서 무역 도시 **아테네**와 군사력이 강한 **스파르타**가 크게 성장했어요. 아테네에서는 세계 최초로 시민 중심의 민주 정치가 시작되었고, 스파르타에서는 군사력을 중시하는 군국주의가 뿌리내렸어요. 스파르타 아이들은 강한 군대의 일원이 되기 위해 어려서부터 혹독한 훈련을 받았어요. 이것이 '스파르타 교육'의 어원이랍니다.

고대 그리스에서는 진리 탐구(철학)가 유행했습니다. 덕분에 **소크라테스**, **플라톤**, **아리스토텔레스**, **아르키메데스** 같은 천재가 나타났어요. 스포츠도 인기였죠. **올림피아**에서 4년에 한 번 열렸던 운동 경기 대회는 19세기 말에 시작한 근대 올림픽으로 이어졌습니다.

"좋은 친구보다 더 좋은 재산은 없다."

소크라테스의 조각상

소크라테스는 서양 철학의 기초를 닦은 사람 중 하나야.

9 로마 제국

영원한 제국은 없다!
476년, 서로마 제국 멸망하다

이탈리아반도의 작은 도시국가에서 시작한 로마는 기원전 1세기경 지중해 전역을 지배하면서 대제국으로 성장합니다. 이때 활약한 장군이 **카이사르(시저)**죠. 로마가 대제국이 된 것은 강한 군대 덕분인데, 안정적으로 통치할 수 있었던 원인이 또 있어요. 수도 공급, 가도(넓은 길) 정비 등이죠. 또한 카이사르가 정복한 나라의 사람들이 믿는 신을 받아들인 것도 도움이 되었어요. 하지만 카이사르는 황제가 되기 전에 살해당했어요. 이후 그의 양아들 **아우구스투스**가 최초의 로마 황제가 되었죠. **로마 제국**은 4세기 말 동서로 분열했습니다. **서로마 제국**은 5세기 후반에 멸망했는데, **동로마 제국(비잔틴 제국)**은 15세기까지 이어져 유럽의 기초를 만들었어요.

카이사르(시저)

"주사위는 던져졌다!" 카이사르가 루비콘강을 건널 때 한 말이야. '해야 할 수밖에 없다!'라는 의미지.

퀴즈! ○에 들어갈 말은 뭘까?

4대 문명

○○포타미아, 이집트, 중국, 인도

인도 문명의 유명한 도시 유적

모헨조다○

고대 이집트의 풍요를 나타낸 말은?

나일강의 ○○

고대 그리스 철학자의 이름

소크라테스, 플라톤, ○○스토텔레스

정답: 메소, 로, 선물, 아리

· 2장 ·

중세·근세

중국 진시황제

통일의 꿈을 이루다!
기원전 221년, 진시황제가 중국을 통일하다!

　기원전 8세기에 이르러 중국은 여러 나라가 힘을 겨루는 **춘추 전국 시대**에 돌입했어요. 기원전 221년에 긴긴 전란의 시대가 끝나는데, 이를 해낸 주인공은 진나라의 왕이었어요. 처음으로 중국 대륙을 통일한 왕은 스스로를 '**시황제**'라 일컬었습니다. 시황제는 나라별로 제각각이었던 문자와 돈, 길이와 무게 단위를 통일했죠.

　진시황제(진의 시황제)가 죽고 얼마 지나지 않아 진은 민중 반란으로 멸망했어요. 진이 대제국이었던 기간은 고작 15년간이에요. 그래도 중국 최초의 대제국 '진'의 이름은 중국의 영어 이름 '차이나(China)'의 기원이 되었어요. 이름으로 인해 영원한 제국이 된 셈이죠.

진시황릉의 병마용
(진흙으로 만든 병사)

진시황제의 무덤에는 진흙으로 만든 병사, 군마 등이 수천 개나 같이 묻혔어. 죽은 황제를 지키려고.

깜짝

왜 중국을 '차이나'라고 해?

1. 기원전 221년, 진시황제가 중국을 통일했어.

2. '차이나(China, 중국)'라는 이름은 짐의 나라 '진'에서 비롯됐지!

오호.

3. 만리장성도 내가 짓게 했어!

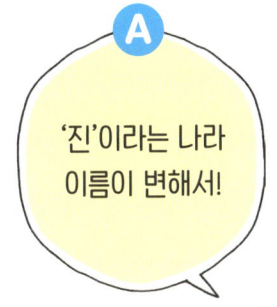

A

'진'이라는 나라 이름이 변해서!

4. '만리알밤장성'이란 이름이 더 낫지 않나?

어휴!

" 시대에 따라 나라 이름이 달라졌어도 중국은 20세기까지 계속 황제가 다스린 '중화 제국'이었어. "

실크로드와 불교의 전래

먼 곳의 사람들과 교역을 시작하며!
538년, 백제를 거쳐 일본까지 불교가 전해지다

자동차도, 비행기도, 기차도 없던 옛날에도 사람들은 '귀한 것'을 갖고 싶어 했습니다. 갖고 싶은 것을 얻기 위해 먼 곳에 사는 사람들과 **교역**을 했죠. 교역을 위한 길은, 서쪽으로는 로마(지금의 이탈리아), 동쪽으로는 일본까지 유라시아 대륙을 가로지르며 이어졌어요. 이 교역 길을 '**오아시스의 길**'이라고 하는데, 중국의 비단이 가장 중요한 교역품이어서 '**실크로드(비단길)**'라고도 부릅니다. 상인들은 '캐러밴(대상. 장사를 크게 하는 상인)'을 이루어 비단 외에도 곡물, 양모, 유리 제품, 보석 같은 다양한 물건을 운반했어요. 일본 나라의 절, 동대사에 있는 보물창고 '정창원'에도 이 길을 지나온 페르시아의 유리그릇이 있습니다. 이런 교역을 통해 기독교나 불교 같은 다른 나라의 종교와 문화도 전해졌죠.

익산 연동리에 있는 석조여래좌상
백제 시대에 만든 불상으로
대한민국의 보물 제45호

백제(4세기 전반 ~ 660년)가 일본으로 불교를 전했어.

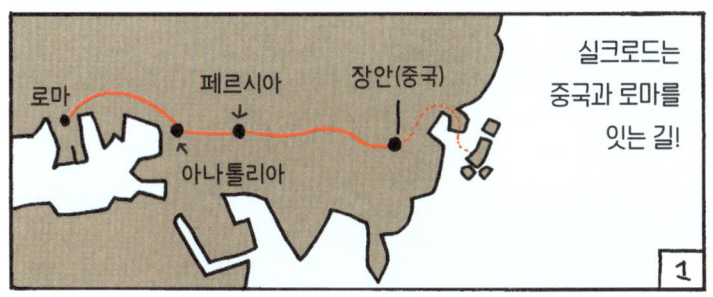

12 게르만족의 대이동

다 같이 출발!
375년, 게르만족이 대이동을 시작하다

게르만족은 유럽 북부 발트해 연안에 살던 농경 민족으로, 부족마다 왕이 있었어요. 그런데 중앙아시아에 살던 유목민 **훈족**이 대거 그 지역으로 들어왔죠. 게르만족 부족 중 하나인 **동고트족**이 훈족에 떠밀려서 **서고트족**을 몰아냈고, 밀려난 서고트족은 그 옆인 **서로마 제국**에 침입했어요. 서로마 제국은 게르만족을 쫓아내려고 싸웠으나 서력 375년에 패배했어요. 그 후, 다른 게르만족 부족도 차례차례 들어와 서로마 제국 영토에 저마다 나라를 세웠어요. 결국 476년에 서로마 제국은 멸망했답니다.

게르만족은 대이동을 하면서 유럽 곳곳에 게르만 왕국을 건설했어요. 이 왕국들은 독일, 네덜란드, 영국 등을 비롯해 북유럽 여러 나라의 뿌리가 되었어요.

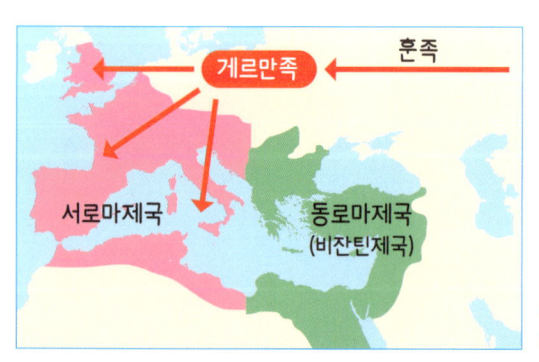

게르만족의 대이동

영어나 독일어 같은 지금의 유럽어 대부분은 그 기원이 게르만족의 언어야.

"게르만족은 서고트족, 동고트족, 반달족, 부루군트족, 프랑크족 등 다양한 부족이 있어."

13 이슬람 세계

마지막 예언자의 출현!
610년, 무함마드가 이슬람교를 창시하다

아라비아의 **메카**에서 **무함마드**라는 사람이 '**알라**'에게 들은 말을 사람들에게 전했어요. 알라의 말을 정리한 책(경전)을 《**코란(꾸란)**》이라고 합니다. 알라는 유대교나 기독교의 신처럼 유일신이에요. 무함마드는 스스로를 알라의 계시를 받은 '마지막 예언자'라고 했어요.

이슬람교에는 술이나 돼지고기를 절대로 먹지 않기, 하루 5번 기도 올리기 등 신자가 지켜야 할 규칙이 아주 많아요. 민족이나 나라를 이유로 사람을 차별해서도 안 됩니다. 신자는 모두 평등하다는 이슬람교의 가르침은 많은 사람들의 지지를 받았어요. 이 가르침은 이슬람교가 전 세계로 퍼지게 된 바탕이라 할 수 있습니다.

무함마드에게
알라의 계시를 전하는
천사 가브리엘

이슬람교에 신의 조각상이 없는 이유는 알라의 말이 아닌 것을 신앙의 대상으로 삼으면 안 되기 때문이야!

14 몽골 제국

거대한 제국의 탄생!
1206년, 칭기즈칸이 몽골을 통일하다

1206년, **테무친**은 몽골고원에서 유목 부족을 통일하며 **대몽골국** 건국을 선언했어요. 그는 스스로를 **칭기즈칸**이라 불렀는데, '칸'은 왕이라는 뜻입니다. 유목 기마민족이었던 칭기즈칸의 기마군은 매우 강력해서 주변 나라를 차례차례 정복했어요. 칭기즈칸의 손자 **쿠빌라이**도 참 대단했습니다. 국호를 **원**이라고 정한 쿠빌라이는 거대한 중국 대륙을 정복했어요. 바다 건너 일본도 공격했는데, 이를 '**몽골의 일본 원정**'이라고 해요. 그 뒤, 원을 중심으로 한 **몽골 제국**은 칭기즈칸의 자손이 다스리는 **킵차크한국**, **차가타이한국**, **일한국** 등이 연합한 대제국으로 성장했습니다. 대제국의 교통을 정비한 덕분에 유라시아 대륙의 동서 교류가 활발해졌죠.

칭기즈칸

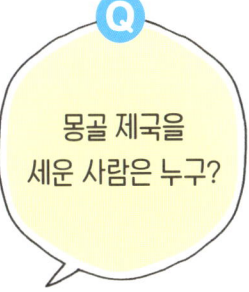

15 교회 권력

왕을 무시하는 교황!
1077년, 카노사의 굴욕이 벌어지다

서로마 제국의 부흥을 주장하며 탄생한 **신성 로마 제국**. 독일의 국왕에서 신성 로마 제국의 황제가 된 **하인리히 4세**는 성직자 임명권을 놓고 **로마 교황 그레고리오 7세**와 다툰 뒤 교황 폐위를 요구했어요. 그러자 교황 그레고리오 7세는 반대로 하인리히 4세를 파문했습니다. 교황이 파문을 취소해 주지 않으면 하인리히 4세는 황제의 자리에서 내려와야 했어요. 결국 하인리히 4세는 1077년 교황이 방문한 북부 이탈리아 카노사성으로 달려갔어요. 눈이 내리는 와중에 카노사성 앞에서 사흘간 밥도 안 먹고 맨발로 기도했습니다. 이렇게 굴욕적인 모습을 보인 뒤에야 간신히 용서받을 수 있었어요. 이 일을 '**카노사의 굴욕**'이라고 해요. 한 나라의 최고인 왕이 교회의 최고인 교황에게 굴복한 사건이에요.

카노사의 굴욕
카노사성에서 교황에게 만나 달라고 간청하는 하인리히 4세(가운데)

하인리히 4세는 로마 교황에게 용서받으려고 눈 속에서 사흘 동안이나 기도했어.

오싹

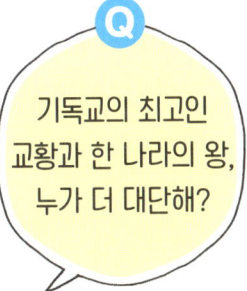

16 대항해 시대

큰돈을 벌게 해 준 출항!
1519년, 마젤란이 세계 일주 항해에 나서다

15세기 후반, 스페인과 포르투갈 뱃사람들은 멀리 떨어진 동양의 특산물을 구하려고 아시아 항로를 개척하기 시작했어요. 그들이 동양에 호기심을 품은 계기 중 하나는 마르코 폴로가 쓴 《동방견문록》이었죠.

1492년, 스페인의 원조를 받아 서쪽 항로로 인도에 가려고 한 **콜럼버스**는 **아메리카 대륙**에 도달했어요. 1498년, 포르투갈의 **바스쿠 다 가마**는 아프리카 남단 '희망봉'을 돌아 인도로 가는 항로를 발견했고요. 그가 인도에서 가지고 온 **향신료**는 포르투갈에 막대한 이익을 주었어요. 마젤란은 1519년부터 스페인 함대의 항해를 이끌면서 세계 일주를 해냈어요.

콜럼버스

대항해시대 : 유럽인의 항로

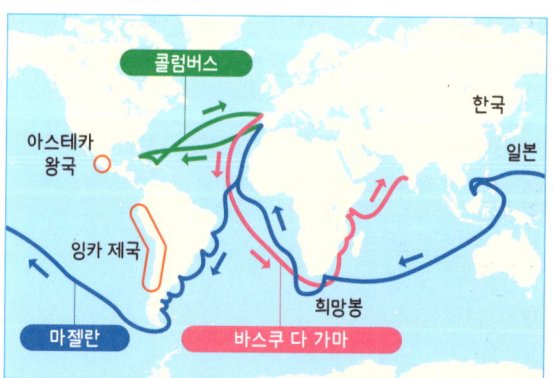

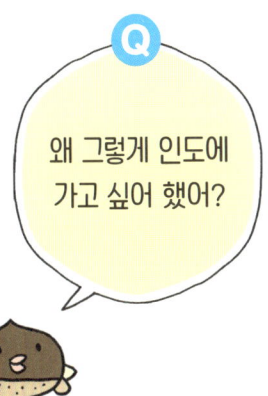

"유럽 사람들이 '태평양'을 알게 된 것도 대항해 시대 때야."

17 르네상스

마침내 탄생한 위대한 작품!
1321년, 단테가 《신곡》을 완성하다

교회 권력이 강했던 중세 유럽에서 사람들은 오로지 신만 바라봤어요. 그런데 14세기가 되어 교회 권력이 약해지자, 사람들은 인간의 훌륭함에 관심을 갖기 시작했어요. 이런 문화의 변화를 '**르네상스**'라고 해요. 르네상스를 이끈 사람들은 고대 그리스·로마의 문화에서 많은 영감을 얻었습니다.

르네상스 시대, 유럽 곳곳에서 천재가 많이 나타났어요. 미술에서는 **미켈란젤로**와 **레오나르도 다빈치**, 학문에서는 지동설을 주장한 **코페르니쿠스**가 대표적이에요. 문학에서는 단테와 셰익스피어를 꼽습니다. 막대한 부를 소유한 자산가가 예술가들의 활동을 뒷받침했기 때문에 그들은 능력을 한껏 펼칠 수 있었어요.

보티첼리
〈비너스의 탄생〉

피렌체의 메디치가는 이탈리아 르네상스를 뒷받침한 자산가야! 〈비너스의 탄생〉은 메디치가를 위한 그림이었대.

종교 개혁

95개의 지적!
1517년, 루터가 '95개조 반박문'을 발표하다

중세에 강력한 권력을 휘두른 기독교 교회(**로마 가톨릭 교회**)는 "**면죄부**(면벌부)를 사면 천국에 갑니다." 하며 사람들에게 면죄부를 비싸게 팔아 돈을 벌었어요. 1517년, 독일의 마르틴 루터는 부패한 교회에 대항해 의견서(**95개조 반박문**)를 발표하며 항의했습니다. 또한 그는 그동안 라틴어로만 쓰인 《성서》를 누구나 읽을 수 있게 독일어로 번역했어요. 마침 그때 **활판 인쇄**도 개량된 덕분에 성서는 순식간에 사람들에게 보급되었어요. 한편 스위스에서는 **칼뱅**이 종교 개혁을 일으켰어요. 마르틴 루터와 칼뱅 같은 인물의 종교 개혁에 힘입어 신앙으로 신과 사람이 직접 연결되는 것을 추구하는 **프로테스탄트**(개신교)가 생겨났습니다. 프로테스탄트는 오늘날 기독교의 모습과 비슷해요.

마르틴 루터

구텐베르크란 사람이 활판 인쇄를 개량했어.

Q 루터는 뭘 했어?

A 독일 사람 모두가 성서를 읽을 수 있게 했어!

1. 종교 개혁을 주도한 루터입니다. 안녕하세요?
2. 당시 교회는 면죄부를 팔아 돈을 벌었어요! 면죄부를 사면 천국에 간다!
3. 나는 성서의 가르침만 믿어야 한다고 주장했죠. 멋지네요!
4. 당신도 기독교도인가요? 아니요! 알밤교도입니다.

" 교회가 16세기에 전 세계로 선교사를 파견한 것은 신자를 늘려 종교 개혁으로 잃은 권위를 회복하기 위해서였어. "

남북 아메리카 문명

잉카 제국의 슬픈 운명!
1533년, 스페인이 잉카 제국을 멸망시키다

15세기에 유럽인이 도착하기 전, 아메리카 대륙에는 독자적인 문명이 있었습니다. 기원전 1세기경부터 **테오티우아칸 문명**이, 기원전 2000년경부터 **마야 문명**이 있었어요. 스페인 사람이 왔을 때는 **아스테카 문명**과 **잉카 문명**이 있었죠.

스페인 사람들은 아메리카 대륙에서 옥수수, 감자, 토마토, 고구마, 피망, 땅콩, 카카오 같은 다양한 식물을 가지고 갔어요. 아메리카 대륙에는 금과 은도 풍부했어요. 그래서 스페인 사람들은 선주민(먼저 살던 사람)의 문명을 멸망시키고 어마어마한 양의 금과 은을 유럽으로 가지고 갔습니다. 선주민은 노예가 되었는데, 중노동과 유럽인이 옮긴 감염병(사람에서 사람으로 옮기는 병) 때문에 많은 수가 죽었어요.

잉카 제국의
마추픽추 유적

스페인 사람들이 들여온 고구마는 이후 동양으로도 전해져 사람들을 굶주림에서 구했어.

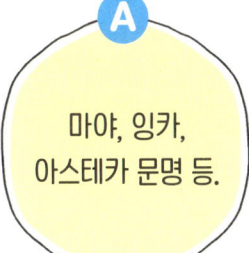

퀴즈! ○에 들어갈 말은 뭘까?

몽골제국을 세운 사람은 누구?

칭○○칸

1077년, 황제가 교황에게 굴복한 사건.

카○○의 굴욕

부패한 교회에 항의하는 의견서를 낸 사람.

마르틴 ○터

참고 중국 왕조, 전부 말할 수 있어?

은, 주, 진, 한, 삼국, 진, 남북조, 청, 당, 오대십국, 송, 원, 명, 청, 중화민국, 중화인민공화국

정답: 기즈, 노사, 루

20 영국의 의회 민주주의

국민 모두가 영웅!
1688년, 영국에서 명예혁명이 일어나다

영국에는 국왕이 있는데, 정치는 국민의 대표인 의회가 합니다. 이것을 '**입헌 군주제**'라고 해요. 영국은 원래 왕이 통치했는데, 왕이 정치에 실패해 국토를 잃자 귀족과 교회가 불만을 품었어요. 1215년, 왕은 국민의 권리를 인정하는 '**마그나 카르타**(대헌장)'를 승인하죠. 이것이 영국에서 '**의회**'가 만들어지는 계기가 되었어요. 17세기가 되자, 왕과 의회의 대립이 내전으로 발전했어요. 의회가 승리했는데도 대립은 여전히 이어졌죠. 1688년, 의회는 당시 국왕 제임스 2세를 폐위하고 윌리엄 3세와 메리 2세를 공동 국왕으로 삼았어요. 다음으로 국왕보다 의회의 우위를 인정하는 '**권리 장전**'을 제정, 입헌 군주제를 확립했어요. 이것이 '**명예혁명**'입니다.

명예혁명으로 공동 즉위한
윌리엄 3세와 메리 2세 부부

> 피를 흘리지 않고 사람들의 자유를 지켜 냈기에 '명예혁명'이라고 해.

21 산업 혁명

빠르고 힘센 증기 기관!
1814년, 스티븐슨이 증기 기관차를 제작하다

1760년대 영국에서 시작된 산업 기계의 발명과 새로운 에너지 개발을 '**산업 혁명**'이라고 불러요. 그중에서도 큰 변화를 몰고 온 것은 영국의 주요 산업인 **면직물**을 만드는 기계의 발명과 석탄을 원료로 움직이는 **증기 기관**의 개발이에요.

기계로 대량 생산하게 된 면직물은 영국 경제에 큰 도움을 주었습니다. 와트가 한층 발전시킨 증기 기관은 각종 기계를 움직이는 새로운 에너지가 되어서 다양한 기계 공업을 발전시켰어요. 그 결과, 영국은 '**세계의 공장**'이 되었죠. 증기 기관은 한 번에 수많은 물건과 사람을 옮길 수 있는 '**증기선**'과 '**증기 기관차**'의 발명으로 이어집니다. 증기 기관차의 탄생으로 오늘날과 같은 철도의 역사가 시작되었어요.

산업 혁명 때 면직물 공장

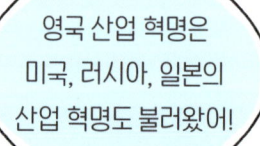

영국 산업 혁명은 미국, 러시아, 일본의 산업 혁명도 불러왔어!

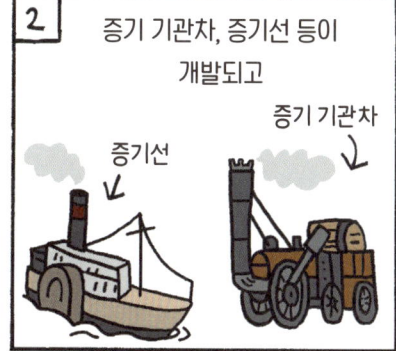

미국 독립 혁명

감격적인 독립의 순간!
1776년, 미국 독립 선언을 발표하다

17세기 초반, 영국은 북아메리카 대서양 연안에 식민지를 개척했어요. 그 후 영국의 **청교도**가 박해를 피해 아메리카로 건너가면서 1730년대에는 식민지가 13개까지 늘어났죠. 프랑스도 아메리카 대륙에 식민지가 있었는데, 영국이 **식민지 전쟁**에서 이겨 프랑스를 몰아냈어요.

영국은 프랑스와 전쟁하면서 불어난 전쟁 비용을 대기 위해 식민지인 아메리카에 무거운 세금을 부과했어요. 이에 반발한 13개의 식민지는 1775년 이른바 독립 전쟁을 시작했어요. 그리고 이듬해 1776년 7월 4일, **토머스 제퍼슨** 등이 작성한 '**독립 선언**'을 발표했습니다. 미국이란 독립 국가가 탄생하는 순간이었죠. 하지만 전쟁은 계속 이어졌습니다. 미국은 전쟁 초기 고전했지만 영국에 원한이 있던 프랑스와 스페인의 원조를 받아 1783년 완전한 독립을 이루었습니다.

미국 독립 선언 서명
2달러 지폐 뒷면에 인쇄된 그림

독립 선언에서는 자유와 평등을 태어난 순간부터 갖춘 인권이라고 설명해!

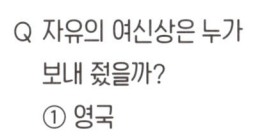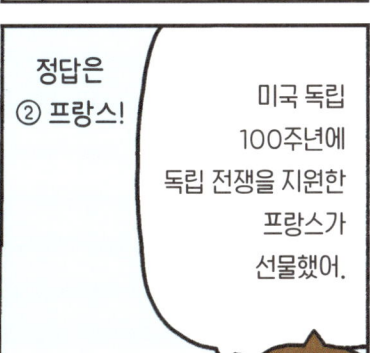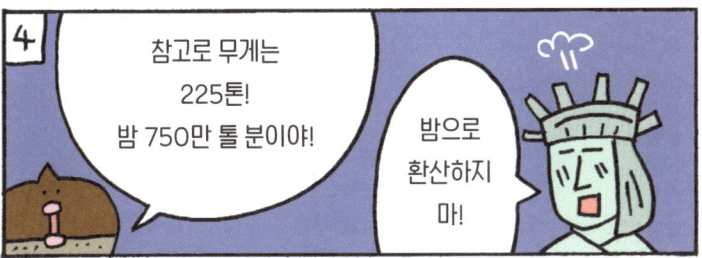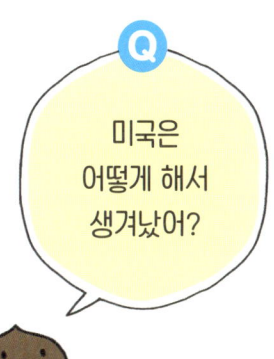

23 프랑스 혁명

국민 국가로의 변신!
1789년, 프랑스 혁명이 일어나다

미국이 독립하고 6년이 지난 1789년, 왕이 절대적인 힘을 지녔던 프랑스에서 시민 혁명이 일어났어요. 그때까지 프랑스 국민은 3개의 신분으로 나뉘었죠. **제1신분**은 성직자, **제2신분**은 귀족, 제일 아래인 **제3신분**은 평민이에요. 왕은 그들의 정점에 군림했습니다. 프랑스는 영국과 전쟁하며 재정이 위태로워지자, 평민에게 무거운 세금을 부과했어요. 생활이 어려워진 평민은 참다못해 파리의 **바스티유 감옥**을 습격해 무기를 빼앗았습니다. 이를 계기로 전국의 평민이 들고일어났어요. **프랑스 혁명**이 일어난 것이죠. 평민들이 구성한 국민의회는 '자유·평등·주권재민'을 주장하는 '**인권 선언**'을 채택하며 국민의 권리를 선포했어요. 프랑스 혁명 덕분에 프랑스는 '**국민 국가**'가 되었답니다.

마리 앙투아네트

루이 16세

국외로 도망치려던 국왕 일가를 붙잡아 국왕 루이 16세와 왕비 마리 앙투아네트를 처형했어!

오싹

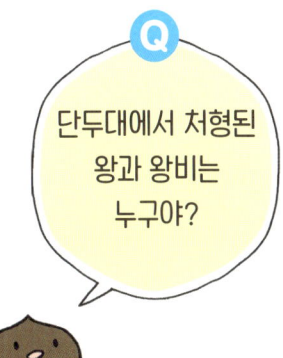
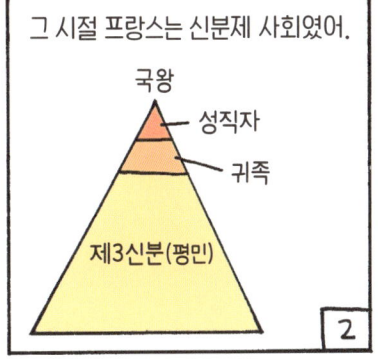

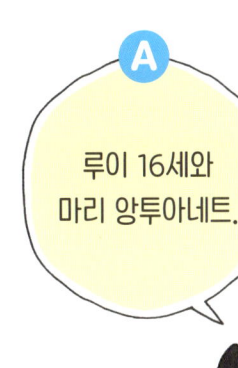

24 나폴레옹

가자, 황제의 자리로!
1804년, 나폴레옹이 프랑스 황제가 되다

프랑스 혁명으로 세워진 새로운 정부는 힘이 약해 나라가 불안정했어요. 그때 국민의 지지를 받은 사람이 군인 출신의 영웅 **나폴레옹 보나파르트**였죠. 그는 프랑스 혁명의 정신인 '**자유와 평등**'을 세계로 퍼뜨리겠다는 목표를 세운 뒤 유럽 여러 나라를 제압했어요. 한편 국내에서는 정부를 무너뜨리고, 1804년 국민 투표를 통해 황제로 즉위했습니다.

나폴레옹은 **법 앞의 평등**을 강조한 '**나폴레옹 법전**'을 공포했어요. 이 법전은 세계 민법의 기초가 되었죠. 이 외에도 은행 설립, 교육 제도 정비 등을 통해 나라를 안정시켰습니다. 그러나 영국과 러시아와의 전쟁에서 지면서 나폴레옹의 인기는 떨어졌어요. 마지막에는 **세인트헬레나섬**에 유배되어 그곳에서 생을 마감했습니다.

나폴레옹 보나파르트

베토벤 교향곡 〈영웅〉은 나폴레옹을 위해 만든 곡이야.

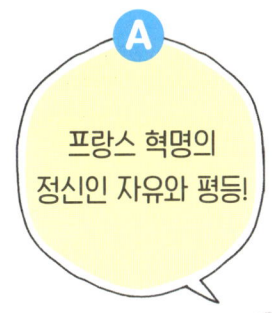

고대 이집트 문자 해독의 열쇠가 된 로제타 스톤은 나폴레옹이 이집트 원정 중에 발견했어!

퀴즈! ○에 들어갈 말은 뭘까?

1215년에 왕이 승인해 영국 헌법의 토대가 되었어!

마그나 카○○(대헌장)

영국에서 입헌군주제가 확립한 1688년 혁명.

명○혁명

1760년대 영국에서 시작된 에너지 혁명.

산○ 혁명

세계 민법의 기초가 된 '나폴레옹 법전'이 전하려던 것!

법 앞의 평○

정답: 르타, 예, 업, 등

25 인도의 식민지화

인도를 손에 넣다!
1600년, 영국이 동인도 회사를 설립하다

18세기, 인도를 지배했던 **무굴 제국**이 쇠퇴하자, 영국과 프랑스는 인도를 차지하려고 다투기 시작했어요. 양국의 대립은 1757년에 전쟁으로 발전했죠(**플라시 전투**). 이때 양국의 군대를 움직인 것은 '**동인도 회사**'였어요. 동인도 회사는 영국, 프랑스, 네덜란드 등이 동인도에 세운 회사들을 통틀어 일컫는 말이에요. 원래 향신료 같은 아시아 특산품을 다루던 무역 회사였는데, 점차 식민지 통치를 맡은 관청의 역할을 하게 되었어요.

프랑스에 승리한 영국은 인도 식민지를 독점했어요. 그 후 영국은 **동인도 회사**를 해산하고, 1877년 **영국령 인도 제국**을 선언합니다. 인도가 완전히 영국의 식민지가 된 거죠.

영국 동인도 회사 본사

산업 혁명으로 기계로 면직물을 생산하기 시작한 영국. 예전에는 인도에서 면직물을 수입했는데, 산업 혁명 이후 반대로 인도에 면직물을 수출했어.

그래서 인도의 면직물 산업이 쇠퇴했지.

26 청 왕조와 아편 전쟁

아편으로 돈을?
1840년, 아편 전쟁이 일어나다

　18세기 후반, 영국은 인도뿐 아니라 중국(**청**)과도 교역했어요. 그런데 중국에서 홍차를 잔뜩 산 탓에 막대한 무역 적자를 냈죠. 영국은 적자에서 벗어나기 위해 면직물을 인도에 수출하고, 인도에서 만드는 **아편(양귀비로 만드는 마약)**을 사들인 뒤 중국에 기호품으로 팔았어요. 얼핏 중국·영국·인도가 각각 수출하는 것처럼 보이는데, 이익은 영국만 봤죠. 중국은 아편을 사느라 은을 엄청나게 사용했고, 그 은은 인도를 통해 영국으로 들어갔습니다. 그 결과 중국은 가난해졌고, **아편 밀무역**을 금지했어요. 대량의 아편을 몰수해 처분했고요. 이에 화가 난 영국은 **아편 전쟁**을 일으켜 2년 만에 승리를 거두고 중국을 굴복시켰어요.

밀수를 금지하고 아편을 몰수한 청의 관료, 임칙서

중국에서 영국으로 차, 영국에서 인도로 면직물, 인도에서 중국으로 아편. 이렇게 수출되는 것처럼 보이니까 '삼각무역'이라고 해.

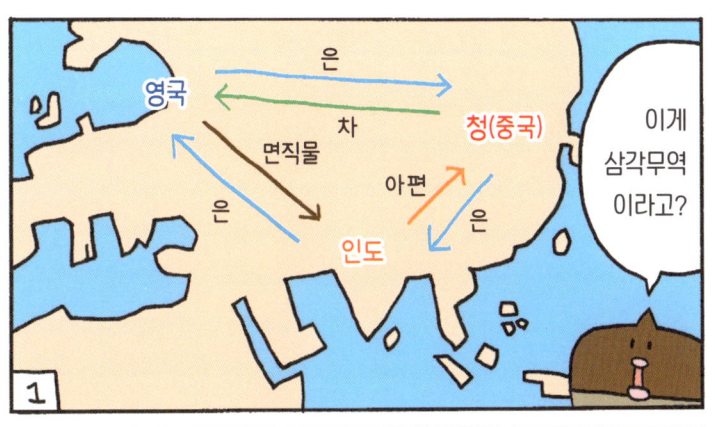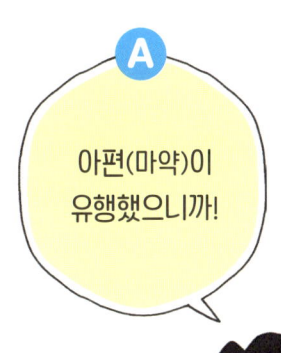

> 아편 전쟁에 패한 중국은 홍콩을 영국에 넘겨주었어. 영국은 1997년까지 홍콩을 지배했지.

27 메이지 유신

정권은 왕에게!
1867년, 도쿠가와 막부의 장군이 일왕에게 통치권을 돌려주다

일본은 에도 시대에 중국·조선·네덜란드를 제외한 외국과 교류를 끊는 '**쇄국**'을 했어요. **아편 전쟁**에 패배한 중국을 보고 아시아가 식민지화 될지 모른다는 위기감에 나라 문을 걸어 잠근 것이죠. 에도 막부는 쇄국 외에 뾰족한 대책이 없었습니다. 1853년, 미국 해군 **페리 제독**이 '**흑선(검은 배라는 뜻의 증기선)**'을 이끌고 내항, 일본에 '**개국**'을 요구했어요. 당황한 막부는 이듬해 **미일화친조약**을, 1858년에는 **미일수호통상조약**을 맺어 가나가와와 효고 등 몇 군데의 항구를 개방했어요. 이것은 일본에 불리한 불평등 조약이었습니다. 불평등 조약이 맺어지자 "막부를 쓰러뜨리고 근대화한 강한 나라를 만들자."라고 주장하는 사람들이 나타났어요. 막부는 일왕에게 정권을 돌려주었고(**대정봉환**), 1868년부터 **메이지 정부**가 시작되었습니다.

페리의 두 번째 내항. 요코하마에 상륙(1854년)한 페리와 함께 온 화가 빌헬름 하이네가 그린 〈요코하마 상륙도〉

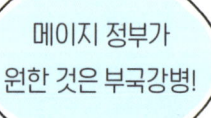

메이지 정부가 원한 것은 부국강병!

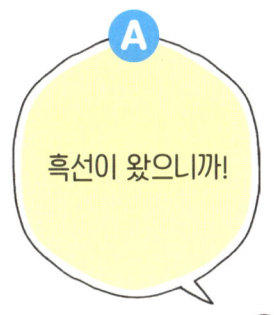

28 제국 주의

열강의 다툼!
1875년, 영국이 수에즈 운하 회사의 주식을 매수하다

1870년대부터 서구의 **열강**(국력이 강한 여러 국가들)은 힘으로 세계를 나눠 자기들 것으로 삼았어요. 이렇게 강제로 영토를 확대하려는 사상을 '**제국 주의**'라고 합니다. 영국은 산업 혁명 덕분에 제국 주의 경쟁에서 앞서나갔어요. 하지만 오히려 생산량이 넘쳐서 만든 제품을 다 팔지 못했고, 결국 불황에 빠졌어요. 또 미국, 독일에서 일어난 **제2차 산업 혁명**으로 에너지는 석탄과 증기 기관에서 **석유와 전기**로 바뀌었어요. 그 바람에 영국은 '세계의 공장'이라는 자리를 미국에 내주고 말았죠. 영국은 **식민지**에서 얻는 세금과 이익이 더 많이 필요하게 되어 아프리카와 오세아니아에서 식민지를 얻으려고 했어요. 식민지는 원료와 노동력(노예) 공급지인 동시에 상품을 팔 시장이기도 했습니다.

수에즈 운하 회사가 건설한 이집트의 인공 수로.
수에즈 운하 개통 당시 풍경(1869년)

수에즈 운하 회사의 이집트 주식을 영국이 매수하면서 영국이 이집트를 지배하게 되었어.

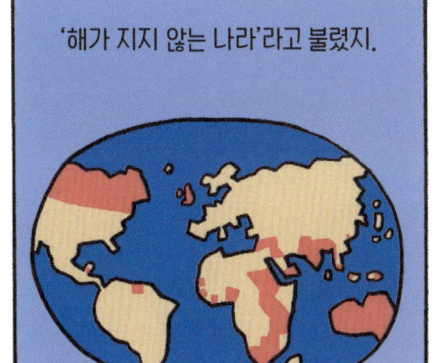

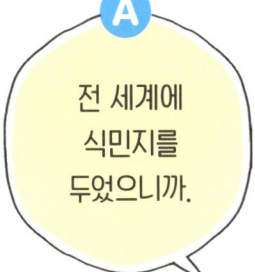

사회주의

평등한 세상을 향해!
1917년, 레닌이 러시아 혁명을 이끌다

1848년, 런던에서 **《공산당 선언》**이 출판되었어요. 저자는 독일인 **마르크스**와 **엥겔스**죠. 두 사람은 일부 부자(부르주아)가 수많은 가난한 노동자(프롤레타리아)의 이익을 부당하게 착취하는 지금 사회는 잘못되었다고 생각했어요. 노동자 중심의 평등한 사회를 만들어야 한다고 주장했죠. 이런 사상을 '**사회주의**'라고 해요. 사회주의를 정치로 발전시킨 인물은 러시아의 **레닌**입니다. 제1차 세계 대전 중인 1917년, 급격한 물가 상승으로 생활이 어려워진 러시아 노동자들은 황제 니콜라이 2세를 폐위시켰어요. 그러자 레닌은 전쟁을 그만두고 평화를 실현하겠다고 약속하며 권력을 움켜쥐었어요. 그리하여 민중의 평의회(**소비에트**) 중심으로 정치를 하려는 **소비에트 사회주의 공화국연방**(옛 소련)이 탄생했습니다.

모스크바 붉은광장에서 연설하는 레닌

> 소비에트 사회주의 공화국연방 탄생에 영향을 받아 동유럽의 여러 나라가 사회주의의 길을 갔어. 중국도 마찬가지고.

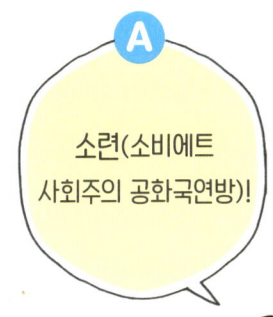

30 미국의 탄생

골드러시의 시작!
1848년, 캘리포니아에서 금광이 발견되다

18세기 후반에 미국이 독립했을 때, 국토는 **동해안 13주**뿐이었어요. 19세기에 들어서서 프랑스에서 루이지애나, 스페인에서 플로리다, 멕시코에서 텍사스와 캘리포니아를 얻으며 대서양부터 태평양에 이르기까지 영토가 엄청 넓어졌어요. 그야말로 대국으로 성장한 거죠.

전 세계에서 새로운 나라 미국으로 자유를 원하는 사람들이 대거 찾아왔어요. 게다가 **1848년 캘리포니아에서 금광이 발견**되자, 금을 찾는 사람들로 이민자가 더 많아졌습니다. 이 **골드러시**로 인해 인구가 급격히 늘었지만, 선주민의 수는 크게 줄어들었어요. 선주민을 살기 힘든 땅으로 강제로 이동시켰거든요.

골드러시 시대.
금광이 발견된 후, 일확천금을 꿈꾸는 많은 사람들이 캘리포니아로 이주했다.

미국은 19세기 말에 영국을 추월해 세계 제일의 공업 대국이 되었어!

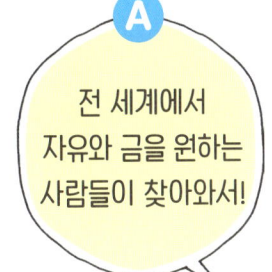

> "미국에서는 타고난 신분에 관계없이 노력하면 꿈을 이룰 수 있었어. 이를 '아메리칸드림'이라고 불러."

제1차 세계 대전

거대한 전쟁!
1914년, 제1차 세계 대전이 일어나다

　1914년, 보스니아 **사라예보**에서 오스트리아의 황태자가 암살당했어요. 이 사건을 계기로 **제1차 세계 대전**이 일어났어요. 같은 목적을 지닌 여러 나라끼리 싸우는 대규모 전쟁이었죠. 한마디로 영국·프랑스·러시아 등 식민지를 지닌 나라(**연합국**)와 국토 확장을 노리는 독일·오스트리아·오스만 제국처럼 식민지가 없는 나라(**동맹국**)의 대결입니다. 이때 남성은 전쟁터에서 병사로 싸우고, 여성은 군수 공장에서 일했어요. 국민을 동원한 **총력전**이었죠. 1917년, 독일은 국적과 종류에 상관없이 어떤 선박이든 경고 없이 공격하는 **무제한 잠수함 작전**을 실행했어요. 그러자 이에 화가 난 미국이 연합국으로 참전했어요. 1918년, 연합국의 승리로 전쟁은 마무리되었습니다.

제1차 세계 대전에서 사용된 독가스 마스크

이웃 나라 일본도 영국과 동맹을 맺고 연합국으로 참전했지.

Q 제1차 세계 대전은 어떤 전쟁이었어?

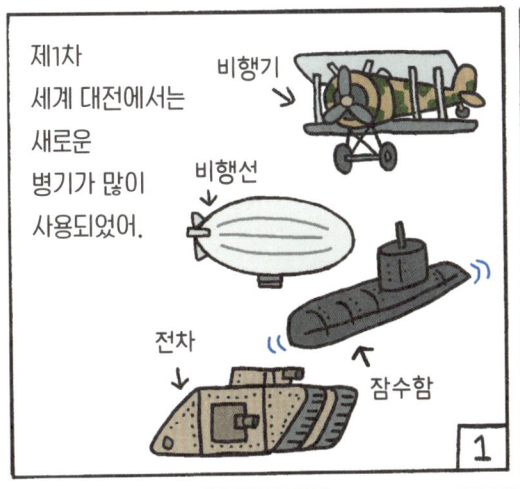

제1차 세계 대전에서는 새로운 병기가 많이 사용되었어.

비행기
비행선
전차
잠수함

2
독가스도 썼다고 해….

A 인류 최초의 총력전!

3
과학과 공업의 발전이 이런 일에 쓰이다니, 슬퍼….

4
밤으로 만든 디저트 몽블랑도 20세기 초에 처음으로 생겼어.

인류의 지혜는 모두의 행복을 위해 써야 해!

" 영국은 중립국을 아군으로 삼을 생각으로 아랍인과 유대인에게 팔레스타인에서 독립하도록 돕겠다고 비밀리에 약속했어. 이 비밀 약속은 지금 팔레스타인 문제의 주요 원인이야! "

32 제2차 세계 대전

전쟁 또 전쟁!
1941년, 태평양 전쟁이 일어나다

제1차 세계 대전 이후 약 20년이 지난 1939년, **제2차 세계 대전**이 벌어졌어요. 독일 사람들은 연합국과 맺은 **베르사유 조약**으로 인한 **거액의 배상금**과 **세계 공황**으로 고통스러웠습니다. 그러자 **히틀러**가 이끄는 **나치당**(나치스)이 인기를 얻기 시작했어요. 경제를 회복한 독일은 베르사유 조약을 파기하고 다시 군대를 모으더니 '독일 민족 통합'을 구실로 주변 나라를 침공했어요. 제2차 세계 대전의 시작입니다. 한편 일본은 독일·이탈리아와 **삼국 동맹**을 맺어 유럽 나라들을 적대시했어요. 1941년, 일본은 하와이 **진주만**을 공격해 미국·영국과 **전쟁**(태평양 전쟁)을 벌였습니다. 제2차 세계 대전의 규모를 더욱 키운 거죠. 1945년 독일(5월)과 일본(8월 **포츠담 선언** 수락·9월 조인)이 무조건 항복하며 전쟁은 미국·영국·소련 등 **연합국**의 승리로 끝났어요.

알타 회담
1945년 2월, 영국·미국·소련 연합국 3개국 지도자들이 모여 전쟁 후 처리를 구상하고 협의한 회담

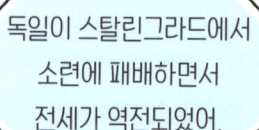

독일이 스탈린그라드에서 소련에 패배하면서 전세가 역전되었어.

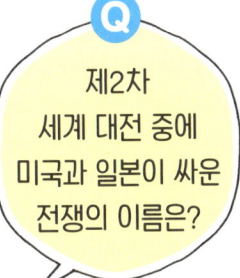

33 국제 연합(UN)

전쟁에 대한 반성!
1945년, 국제 연합이 탄생하다

제1차 세계 대전의 엄청난 피해를 목격한 사람들은 세계 평화를 간절히 바랐어요. 그래서 1920년, 스위스 **제네바**에 세계 평화를 의논하는 자리인 **국제 연맹**이 설립되었어요. 이것이 '국제 연합'의 시초입니다. 그러나 국제 연맹은 독일 같은 패전국을 포함하지 않았고, 미국과 소련도 가입하지 않아 제대로 운영되지 못했어요. 그 결과, 또 세계 대전이 벌어졌어요.

두 번의 세계 대전으로 사람들은 더욱 반성했습니다. 반성 끝에 제2차 세계 대전 이후인 1945년에 **국제 연합**(본부는 뉴욕)을 세웠습니다. 이때 미국과 소련(지금의 러시아) 등 세계 51개국이 참가했죠. 현재 국제 연합 가입국은 193개국이에요. 다 같이 세계 평화를 위해 의논하고 있지만, 여전히 이 세계에서 전쟁이 사라지지 않고 있어요.

뉴욕에 있는 국제 연합 본부

제2차 세계 대전 이후, 세계적으로 독립운동이 일어나. 베트남, 필리핀 등 아시아의 여러 식민지가 이때 독립했어.

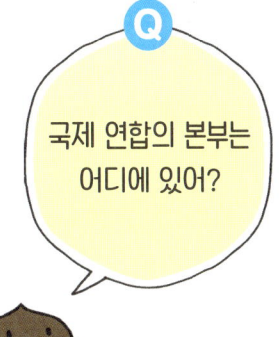

퀴즈! ○에 들어갈 말은 뭘까?

1840~1842년, 영국이 중국(청)에 일으킨 전쟁

○○ 전쟁

쇄국 중인 일본이 개국하게 된 원인 중 하나는?

○○ 내항

제1차 세계 대전의 계기였던 암살 사건은 어디에서 일어났지?

보스니아 ○○예보

제2차 세계 대전에서 일본의 항복을 권고한 선언은?

포○○ 선언

정답: 아편, 페리, 사라, 츠담

34 냉전

분단의 장벽을 넘어서!
1989년, 베를린 장벽이 무너지며 냉전이 종결되다

제2차 세계 대전 후, **자본주의** 국가 미국과 **사회주의(공산주의)** 국가 소련은 패전한 나라를 어떻게 할지를 두고 대립했어요. 그 결과, 일본은 미국이 점령했지만, 독일과 한반도는 자본주의와 사회주의 두 개의 나라로 분단되었죠. 이런 대립에 불을 지핀 것이 **핵무기**입니다. 쓰지 말자고 세계적으로 합의했으나, 핵무기를 지닌 나라는 다른 나라보다 강해질 수 있어서 많은 나라가 핵무기를 보유하려고 노력했어요. 그중에서도 대립 관계에 있던 소련과 미국은 많은 핵무기를 보유한 채 서로 적대시했죠. 양국의 이런 대립 상태를 '**냉전**'이라고 합니다. 냉전은 양국이 종결을 선언한 1989년까지 이어졌어요. 소련은 1991년에 붕괴됐습니다.

베를린 장벽은
브란덴부르크 문 앞을 지났기에
동서 분단의 상징이었다.

전쟁의 뜨거운 불꽃이 실제로 타오르지는 않아서 '냉전(차가운 전쟁)'이라고 해.

오싹

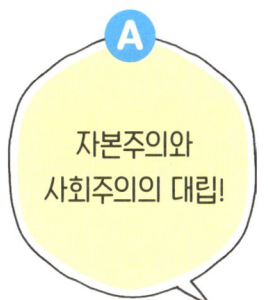

> 동독과 서독으로 나뉜 독일은 베를린 시내에 '베를린 장벽'을 세웠어. 그 때문에 사람들은 자유롭게 오갈 수 없게 되었지.

중화인민공화국 수립

중국의 거대한 변화!
1949년, 중화인민공화국이 탄생하다

20세기 초, 중국의 근대화를 주장한 **쑨원**은 **청 왕조**를 무너뜨리고 '**중화민국**'을 건국했어요. 그러나 제2차 세계 대전 중 일본의 대륙 침공, **장제스**가 이끄는 국민당과 공산당의 내전 등으로 나라가 위태로웠어요. 결국 제2차 세계 대전 이후, 국민당은 국민의 지지를 잃고 공산당이 권력을 잡았습니다.

1949년, 내전에 진 장제스는 **타이완**(대만)으로 **중화민국 정부**를 옮겼어요. 대륙에서는 **마오쩌둥**(주석)과 **저우언라이**(수상)가 이끄는 공산당이 '**중화인민공화국**'을 수립했죠. 1950년에 중화인민공화국은 소련과 동맹을 맺었습니다. 소련과 손을 잡으며 **조선민주주의인민공화국**(북한)과 함께 아시아에 강대한 사회주의 나라를 만들었어요.

중화인민공화국 수립을 선언한 마오쩌둥

북위 38도선보다 북쪽인 조선민주주의인민공화국(북한)도 사회주의 국가야.

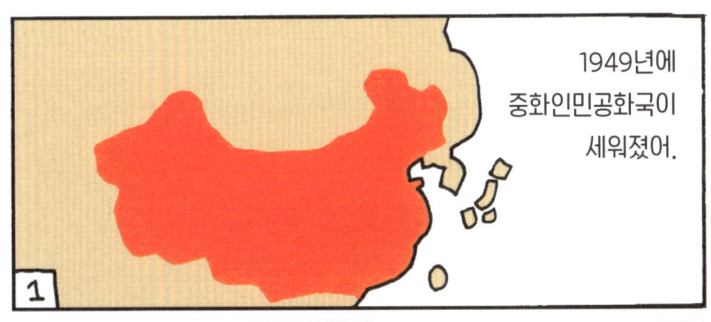
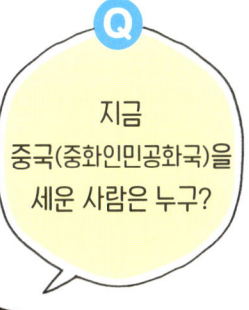

36 인도·아시아의 독립

간디의 비폭력으로!
1947년, 인도가 영국에서 독립하다

제1차 세계 대전 때 영국은 인도와 약속했어요. 전쟁에 협력했으니, 독립시켜 주겠다고요. 하지만 영국은 그 약속을 어겼고, 화가 난 인도 사람들은 독립운동을 시작했어요. 이 독립운동의 중심인물이 **간디**입니다. 간디는 폭력을 쓰지 않으며 독립운동을 이끌었습니다. 그 대표적인 사례는 '**소금 행진**'이에요. 영국 식민지 정부가 소금에 높은 세금을 부과하자 인도 사람의 힘으로 직접 만들자며 바다까지 걸어간 것이 바로 소금 행진입니다. 간디는 힌두교도와 이슬람교도가 사이좋게 하나의 나라로 독립하기를 바랐어요. 하지만 1947년, **힌두교도**는 '**인도**'로, **이슬람교도**는 '**파키스탄**'으로 따로따로 독립했어요.

간디의 소금 행진(1930년)

제2차 세계 대전 이후, 세계적으로 독립운동이 일어나. 베트남, 필리핀 등 아시아의 여러 식민지가 이때 독립했어.

아프리카의 해

독립 또 독립!
1960년은 아프리카의 해

콜럼버스가 아메리카 대륙 땅을 밟은 뒤 스페인을 비롯한 유럽의 여러 국가가 아메리카 대륙에 침략했어요. 이때 들어온 병원균 때문에 많은 아메리카 대륙 선주민이 목숨을 잃었어요. 일할 사람이 부족해지자 유럽 국가들은 아프리카에서 노예를 데려와 파는 '**노예 무역**'을 시작했습니다. 19세기 말에는 영국과 프랑스가 아프리카를 식민지로 삼아 지배했고, 20세기 초에는 유럽 7개국이 아프리카 여러 나라를 집어삼켰어요. 그 결과 아프리카 대륙에서 독립국은 **에티오피아**와 **라이베리아**만 남았을 정도였죠. 제2차 세계 대전 이후 '**민족 자결**' 사상이 퍼지며 1957년 가나가 독립했어요. 1960년에는 17개국이 독립해 이때를 '**아프리카의 해**'라고 부르게 되었습니다.

에티오피아 국기

아프리카 나라들의 국기에는 초록, 노랑, 빨강이 들어가는 경우가 많아. 초록은 자연, 노랑은 평화, 빨강은 독립 전쟁에서 흘린 피를 의미해!

> 아프리카 나라들이 국기에 초록·노랑·빨강을 넣은 것은 에티오피아 국기가 바탕이 되었어. 독립을 지켜 낸 에티오피아는 '아프리카의 별'이라고 불리며 존경받았지.

이스라엘과 중동 문제

역사가 부른 비극
1948년, 유대인이 이스라엘 건국을 선언하다

중동에서 전쟁이 벌어진 가장 큰 원인은 아랍인이 살던 **팔레스타인**에 '이스라엘'이라는 유대인의 나라를 억지로 세웠기 때문이에요. 본디 유대인의 나라는 오랜 옛날 팔레스타인에 있었으나, 기원전 6세기에 그 나라는 멸망했습니다. 제1차 세계 대전 때, 영국은 유대인에게 "전쟁에 협력하면 나라를 세워 줄게."라고 약속해 돈을 받아냈어요. 그런데 제2차 세계 대전 이후 문제가 커졌습니다. 독일 나치의 박해를 받은 유대인 대부분이 '약속의 땅' 팔레스타인으로 이주해 미국과 영국의 도움을 받아 이스라엘을 건국했어요. 그 바람에 그곳에 살던 아랍인(팔레스타인인)은 난민이 되었죠. 화가 난 아랍인과 유대인 사이에 **중동 전쟁**이 벌어지고 말았어요.

팔레스타인에 있는 예루살렘은 유대교, 기독교, 이슬람교의 성지로서 분쟁의 중심지다.

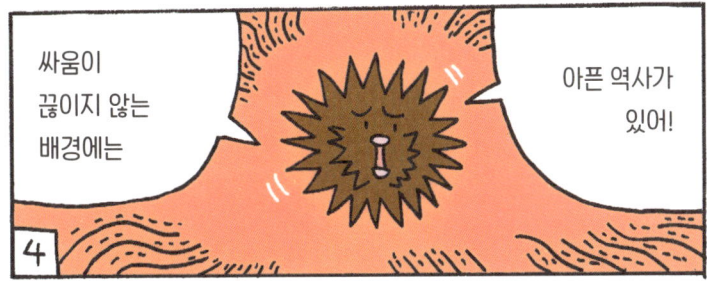
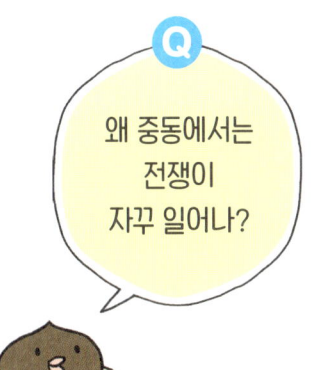

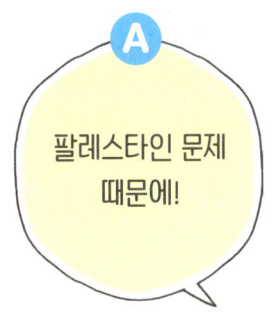

퀴즈! ○에 들어갈 말은 뭘까?

1989년에 붕괴한, 냉전을 상징하는 벽은?

베○○ 장벽

중화인민공화국을 세운 중심인물은?

마오○○과
○○언라이

'인도 독립의 아버지'라고 불리는 인물은?

○디

**1960년은 아프리카의 해!
'아프리카의 별'이라고 존경받는 나라는?**

에티오○○

정답: 를린, 쩌둥 / 저우, 간, 피아

6장

발견, 발명, 미래

39 인터넷 발달

세계를 하나로!
1946년, 미국에서 최초의 대형 컴퓨터 'ENIAC'이 만들어지다

1990년대 **인터넷**이 세계적으로 쓰이기 시작하면서 세계는 크게 변화했습니다. 전 세계 사람들이 온라인으로 연결되어 순식간에 정보 교환이 가능해졌죠.

인터넷에 필요한 **컴퓨터**는 제2차 세계 대전 중에 폭탄 탄도를 계산하기 위해 개발되었어요. 인터넷도 군사 목적으로 만든 것인데, 컴퓨터가 널리 보급되면서 일반인도 쓰게 된 거죠. 컴퓨터도 인터넷도 편리한 도구이지만, 정보 유출이나 범죄에 이용되는 문제도 있어요. **AI**(인공지능)의 발달로 세계는 한층 더 변화할 거예요. 문제가 있어도 기술의 진보를 막을 수는 없습니다. 열심히 공부해서 제대로 사용하고 도덕성을 길러 바르게 사용하는 게 중요해요.

현대 컴퓨터의 조상 ENIAC

ENIAC의 무게는 무려 27톤. 1946년부터 1955년까지 미국 군사 시설에서 쓰였지.

인터넷이 생기기 전까지 멀리 있는 사람들과 교류하는 건 쉽지 않았어.

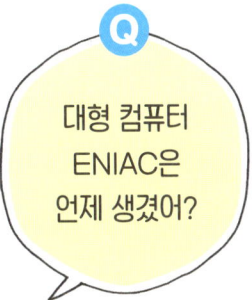

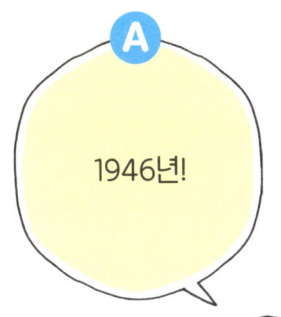

40 병의 역사

천연두는 가라!
1796년, 영국의 의사 에드워드 제너가 종두를 개발하다

사람이 이동할 때 **감염병**도 따라다녔어요. 게르만족이 이동했을 때는 로마에서 많은 사람이 감염병으로 죽었죠. 중세 유럽 인구 1/3의 생명을 앗아간 페스트는 실크로드를 통해 아시아에서 들어왔다고 여겨져요.

의학의 진보는 많은 병의 원인을 밝혀냈고, 예방약인 '**백신**'도 발명했어요. 그중에서도 1796년 영국의 의사 **에드워드 제너**가 발견한 '**종두**'는 눈에 띄는 발명품입니다. 우두(소에서 뽑은 면역 물질)를 접종하는 백신인 **종두**는 천연두를 예방하며 많은 목숨을 구했어요. 종두가 전 세계에서 활약한 덕분에 1980년, 마침내 지구상에서 천연두가 사라졌습니다. 아직 세계에는 많은 감염병이 있는데, 인류는 이를 없애려고 끊임없이 노력을 기울이고 있어요.

우두를 접종하는 에드워드 제너

옛날 사람들은 감염병을 '악마의 짓'이라며 두려워했어.

오싹

41 커피의 역사와 이슬람 세계

약에서 음료로!
1554년, 이스탄불에 커피 하우스가 생기다

커피는 커피 원두로 만든 음료예요. 원산지는 아프리카 에티오피아로 알려져 있죠. 제일 먼저 커피에 관심을 보인 주인공은 **아랍인**인데, 처음에는 음료가 아니라 약으로 썼어요. 그러다가 음료로도 즐기기 시작했습니다. 13세기에는 **이슬람교**의 확장에 발맞추어 이슬람 세계의 음료로 발전했어요. 1453년, **오스만 제국**이 **동로마 제국**을 멸망시켰어요. 그로부터 약 100년 뒤, 오스만 제국의 수도 이스탄불에 **커피 하우스**가 생겼다고 해요(다양한 학설 있음). 유럽에서는 17세기부터 커피를 마시기 시작했어요. 이후 순식간에 전 세계로 커피가 퍼졌죠.

오스만 제국의 커피 하우스 모습

> 커피 하우스는 사교의 장으로도 쓰였어.

> 위스키도 이슬람 세계에서 온 술이야! 이슬람 세계에서 발명된 증류기가 유럽으로 전해져서 위스키와 브랜디가 만들어졌어.

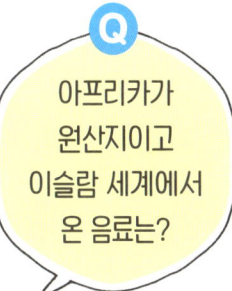

42 콜럼버스의 교환

음식물 대 감염병!
1492년, 콜럼버스가 카리브해의 섬(서인도 제도 과나하니섬)에 오르다

아메리카 대륙에는 콜럼버스가 본 적 없는 식물이 가득했어요. 콜럼버스는 그중에 먹을 수 있는 식물을 잔뜩 챙겨 돌아갔어요. 감자, 고추, 해바라기, 카카오, 파인애플 등이에요. 이들은 모두 아메리카 대륙이 원산지예요. 반대로 아메리카 대륙에도 유럽의 다양한 동식물을 비롯해 **철기**, **총** 같은 무기가 전해졌어요. 하지만 **질병(감염병)**까지 전해지는 바람에 많은 사람이 목숨을 잃었어요. 물론 아메리카 대륙의 질병이 유럽으로 옮겨 가기도 했지만 그 피해는 크지 않았습니다.

또 하나, 세계를 크게 변화시킨 물건은 아메리카 대륙의 '은'입니다. 볼리비아 **포토시 광산**과 멕시코의 **사카테카스 광산**에서 채굴된 막대한 양의 은은 세계의 은 가치를 끌어내렸어요. 그러자 세계 곳곳에서 물가가 오르는 현상인 인플레이션이 일어났죠.

크리스토퍼 콜럼버스

콜럼버스 이후로 유럽에 건너간 식물에는 옥수수, 고구마, 토마토, 피망, 호박, 바닐라 등이 있어.

대항해 시대 이후, 음식물과 질병이 '교환'된 것을 가리켜 미국 역사학자가 '콜럼버스의 교환'이라고 불렀어.

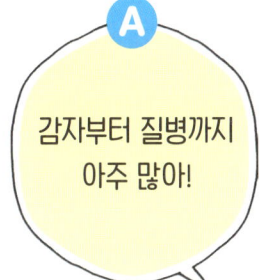

43 중국과 한국, 일본의 교류

한국, 일본을 바꾼 중국과의 교류!
1402년, 명나라 영락제가 즉위하다

나침반, **인쇄**, **화약**은 '**중국의 3대 기술 혁명**'입니다. 한국과 일본은 물론이고 전 세계로 전해졌어요. 지금 한국에서 쓰는 **한자**는 대략 기원전 2세기에 전해졌어요. **종이**를 만드는 제지 기술은 6세기경에, **불교**가 처음 전래된 것은 삼국 시대로 알려져 있어요. 중국의 **송나라** 시대, 일본에서는 송전, 직물, 향료 등을 수입하고, 사금, 진주 등을 수출했죠. 송전은 화폐입니다. 이것을 들여오면서 일본에 **화폐 경제**가 자리 잡았어요. **명나라**의 세 번째 황제 **영락제**는 최대한 많은 나라로부터 조공을 받고 싶어 했어요. 듬직한 신하 정화에게 항해를 통해 해외 무역을 확대하게 했어요. 정화는 무려 일곱 번이나 항해를 떠났고, 다양한 나라와 해외 무역을 했고, 30개가 넘는 나라로부터 조공을 받게 되었습니다. 한편 한국은 영락제의 시대에 주로 조공 무역을 했어요. 조공 무역은 약한 나라가 강한 나라에 선물을 바치고 답례품을 받는 형식의 무역이에요. 그렇다고 한국이 명나라의 지배를 받은 것은 아닙니다.

중국, 한국, 일본의 교류는 역사가 아주 깊어. 중국에서 한국으로 전해진 것이 많아!

영락제

라틴 아메리카(중남미)

다이아몬드처럼 단단하게!
1816년, 아르헨티나공화국이 독립을 선언하다

라틴 아메리카(중남미)는 축구로 유명해요. 또한 아시아에서 축구 강국으로 꼽히는 일본과 관계가 깊어요. 예를 들어 **이민**이 있습니다. 지금으로부터 100년도 더 전에 일본인들은 아르헨티나 땅을 밟으며 첫 이민을 시작했어요. 라틴 아메리카로 떠나는 이민자는 꾸준히 늘어 제2차 세계 대전 전까지 24만 5,000명에 이르렀어요. 이 지역의 특산물로는 다이아몬드 같은 광물이 있습니다. 초콜릿의 원료인 **카카오**도 라틴 아메리카에서 세계 각국으로 전해졌어요. 한편 라틴 아메리카는 오랫동안 스페인의 지배를 받았습니다. 1810년대부터 **독립 전쟁**이 일어나 여러 나라가 독립했어요. 라틴 아메리카의 독립 영웅 볼리바르는 자유를 위해 약 20년 동안이나 싸웠고, 그 결과로 콜롬비아, 볼리비아, 파나마, 에콰도르 등이 자유를 얻었어요. 아르헨티나를 비롯한 여러 나라는 산마르틴의 활약으로 독립을 이루었습니다.

라틴 아메리카 독립 영웅
시몬 볼리바르(왼쪽), 산마르틴(오른쪽)

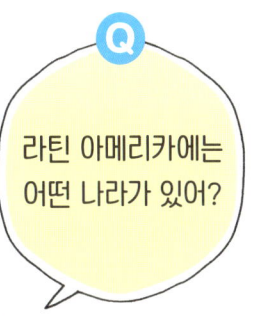

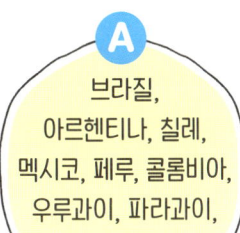

45 소수 민족을 억압하던 역사

다름을 인정하기!
2007년, 국제 연합에서 '선주민족 권리 선언'을 채택하다

'동화'란 똑같게 만드는 거예요. '**동화 정책**'이란 언어, 문화, 종교가 다른 소수 민족을 강제적으로 다수와 똑같이 만드는 정책이고요. 이는 절대로 해선 안 되는 비인간적인 일입니다.

중국 내몽골, 티베트, 신장웨이우얼 자치구 등은 동화 정책으로 억압받고 있는 지역이에요. 여전히 세계 곳곳에서는 동화 정책으로 인한 **선주민족 탄압**이 일어나고 있어요.

현재 세계에는 적어도 5,000개나 되는 선주민족이 있고, 3억 7,000만 명이 90개국 이상의 나라에서 살고 있어요. '**선주민족 권리 선언**'은 소수인 선주민의 문화·언어·고용·건강·교육 등에 관한 권리를 규정했어요.

야노마미족
베네수엘라와 브라질 지역에 거주하는
남아메리카의 선주민족

모든 민족의 문명과 문화는 인류의 공동 재산!

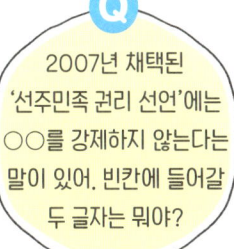

"언어·문화·종교 등을 억지로 바꾸는 것은 자기다움을 빼앗는 짓이야. 절대로 하면 안 되겠지?"

46 인권의 역사

인종 차별은 가라!
1965년, 국제 연합이 인종 차별 철폐 협약을 채택하다

'인권'은 태어나면서부터 사람이 갖는 '**인간답게 살 권리**'입니다. 세계의 수많은 나라에는 신분 차별, 성차별, 인종 차별 등 다양한 차별이 존재해요. 이런 차별에 괴로워한 사람들은 피나는 노력 끝에 많은 차별을 극복했습니다.

한국에서 여성의 **선거권**이 인정된 것은 1948년이에요. 그해 헌법을 만들면서 여성의 선거권을 인정했습니다. 미국에서는 1865년에 막을 내린 남북 전쟁으로 노예가 해방되었으나 흑인 차별이 여전했어요. 흑인인 **킹 목사**의 **공민권 운동**을 거쳐 1964년에야 인종 차별이 법률로 금지되었죠. 1965년, 국제 연합은 **인종 차별 철폐 협약**을 채택했습니다. 지금은 많은 나라가 기본적인 인권을 인정하지만, 아직도 차별이 남아 있는 나라도 있어요.

킹 목사

지금 한국은 인권을 헌법으로 약속해. 사람은 누구나 다 평등해.

1. 다들 '차별은 옳지 않다!'라고 생각하지?

2. 옛날 사람들이 극심한 차별과 열심히 싸운 덕분에 차별이 많이 사라졌어!
킹 목사

Q 한국에서 여성의 선거권이 인정된 것은 언제?

3. 하지만 안타깝게도 차별은 여전히 우리를 괴롭히기도 해!

4. 지금 당장 해결해야 할 문제지!

A 헌법이 만들어진 1948년!

> " 우리는 성적 소수자의 인권도 깊이 생각해야 해. 인권은 다양성을 인정하는 것에서 출발하거든. "

SDGs

지속 가능한 좋은 세계를 꿈꾸며
국제 연합 정상 회담에서 17개 목표를 세우다

　SDGs란 2030년까지 이루기를 다짐한 '**지속 가능하고 좋은 세계를 이루기 위한 국제 목표**'입니다. 2015년 9월 국제 연합 정상 회담에서 정했어요. 국제 연합에 가입한 193개국이 2016년부터 2030년까지 15년간 달성하기 위해 세운 17개 목표(큰 목표)와 169개 세부 목표(구체적인 목표)로 구성되었죠.

　목표는 지구 환경 문제부터 인권 문제까지 다양해요. 우리 지구를 '우주선 지구호'라고 생각하고 지구에 사는 모두가 평화롭고 풍요롭고 평등하게 살기를 바라는 마음을 담았어요. '5세 이하 사망률을 1,000명당 25건 이하로', '값싸고 안전한 물을 이용하지 못하는 사람을 0명으로', '남녀 구별 없이 초중등 교육을 받지 못하는 아이를 0명으로'와 같은 목표는 좋은 예입니다.

SDGs 17개 목표를 그린 포스터

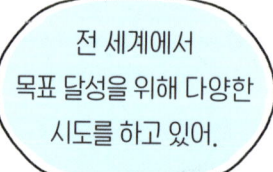

전 세계에서 목표 달성을 위해 다양한 시도를 하고 있어.

" SDGs는 'Sustainable Development Goals(지속 가능한 개발 목표)'의 줄임말이지. "

퀴즈! ○에 들어갈 말은 뭘까?

WHO의 정식 명칭!
세계○○기구

중세 유럽의 인구 1/3이 죽은 감염병은?
페○○

중국의 3대 기술 혁명은?
나침반, 인쇄, ○○

미국의 인종차별 제도 폐지를 요구한 '공민권 운동'의 주도자!
○ 목사

정답: 보건, 스트, 화약, 킹

 마무리하며

우선 아는 것부터 시작하자

앞으로는 '다양성'을 받아들이는 것이 더욱 중요해집니다. 우리 사회가 다양성을 점점 더 짙게 띠어 가니까요. 다양성이란, 자신과 다른 사람들이 이 세상에 아주 많다는 거예요. 다양성을 받아들이는 것은 차이를 인정하고 함께 존재하려는 자세입니다.

세계의 역사를 알면 '아, 이슬람 사람들은 신앙을 무척 중요하게 생각하는구나!', '기독교 사람들은 사랑을 최고의 가치로 여기네?' '이 지역 사람들은 아픈 역사가 있어서 독립심이 강하군.' 하고 다른 사람을 이해할 수 있어요. '나'와 다른 '너'를 이해하는 것이 곧 다양성을 받아들이는 기본자세입니다.

그러니 우선은 아는 것이 중요하고, 이해하는 것이 중요해요. 부디 이 책이 넓은 세계를 이해하는 데 도움이 되기를 바랍니다.

사이토 다카시

이 책에서 배운 용어

• 어떤 뜻인지 생각해 보고 다른 사람에게 설명해 보자! •

1장

- 호모사피엔스 • 12
- 인더스 • 14
- 파라오 • 16
- 메소포타미아 • 18
- 함무라비 법전 • 18
- 갑골 문자 • 20
- 예수 그리스도 • 22
- 고타마 싯다르타 • 24
- 힌두교 • 24
- 폴리스 • 26
- 소크라테스 • 26
- 카이사르 • 28
- 아우구스투스 • 28

2장

- 춘추 전국 시대 • 32
- 시황제 • 32
- 실크로드 • 34
- 게르만족의 대이동 • 36
- 무함마드 • 38
- 몽골 제국 • 40
- 카노사의 굴욕 • 42
- 마젤란 • 44
- 르네상스 • 46
- 마틴 루터 • 48
- 칼뱅 • 48
- 잉카 제국 • 50

3장

- 입헌 군주제 • 54
- 마그나 카르타 • 54
- 명예혁명 • 54
- 산업 혁명 • 56
- 와트 • 56
- 청교도 • 58
- 토머스 제퍼슨 • 58
- 미국 독립 선언 • 58
- 바스티유 감옥 • 60
- 프랑스 혁명 • 60
- 인권 선언 • 60
- 나폴레옹 • 62

몇 개쯤 기억할 수 있니?

4장

- 무굴 제국 • 66
- 동인도 회사 • 66
- 아편 전쟁 • 68
- 페리 • 70
- 대정봉환 • 70
- 제국 주의 • 72
- 제2차 산업 혁명 • 72
- 레닌 • 74
- 골드러시 • 76
- 제1차 세계 대전 • 78
- 제2차 세계 대전 • 80
- 국제 연합 • 82

5장

- 냉전 • 86
- 베를린 장벽 • 86
- 쑨원 • 88
- 장제스 • 88
- 마오쩌둥 • 88
- 저우언라이 • 88
- 간디 • 90
- 소금 행진 • 90
- 노예 무역 • 92
- 민족 자결 • 92
- 아프리카의 해 • 92
- 이스라엘 • 94
- 팔레스타인 • 94

6장

- 에드워드 제너 • 100
- WHO • 101
- 오스만제국 • 102
- 콜럼버스의 교환 • 104
- 중국 3대 기술 혁명 • 106
- 송 • 106
- 명 • 106
- 시몬 볼리바르 • 108
- 동화 정책 • 110
- 킹 목사 • 112
- 공민권 운동 • 112
- SDGs • 114

사진 출처 셔터스톡, Wikimedia Commons

47개 키워드로 세계사가 술술
어린이 첫 세계사

1판 1쇄 인쇄 | 2025. 4. 16.
1판 1쇄 발행 | 2025. 4. 24.

사이토 다카시 글 | 이지치 히로유키 그림 | 이소담 옮김

발행처 김영사 | **발행인** 박강휘
편집 김지아 | **디자인** 홍윤정 | **마케팅** 이철주 | **홍보** 조은우 육소연
등록번호 제 406-2003-036호 | **등록일자** 1979. 5. 17. | **주소** 경기도 파주시 문발로 197 (우10881)
전화 마케팅부 031-955-3100 | 편집부 031-955-3113~20 | 팩스 031-955-3111

Original Japanese title: KODOMO SEKAI NO REKISHI
Copyright © 2023, Takashi Saito
Original Japanese edition published by Shodensha Publishing Co., Ltd., Tokyo
Korean translation rights arranged with Shodensha Publishing Co., Ltd., Tokyo
through The English Agency (Japan) Ltd. and Duran Kim Agency

이 책의 한국어판 저작권은 듀란킴 에이전시를 통한 저작권사와의 독점 계약으로 ㈜김영사에 있습니다.
저작권법에 의해 한국 내에서 보호를 받는 저작물이므로 무단전재와 복제를 금합니다.

값은 표지에 있습니다.
ISBN 979-11-7332-044-6 73900

좋은 독자가 좋은 책을 만듭니다. 김영사는 독자 여러분의 의견에 항상 귀 기울이고 있습니다.
전자우편 book@gimmyoung.com | 홈페이지 www.gimmyoung.com

|어린이제품 안전특별법에 의한 표시사항| **제품명** 도서 **제조년월일** 2025년 4월 24일
제조사명 김영사 **주소** 10881 경기도 파주시 문발로 197 **전화번호** 031-955-3100 **제조국명** 대한민국
사용 연령 9세 이상 ⚠주의 책 모서리에 찍히거나 책장에 베이지 않게 조심하세요.